W9-AKH-444

Mi mundo

Los tamaños

Ruth Merttens

Traducción de Sara Cervantes-Weber

Heinemann Library
Chicago, Illinois

© 2005 Heinemann Library
a division of Reed Elsevier Inc.
Chicago, Illinois

Customer Service 888-454-2279

Visit our website at www.heinemannlibrary.com

Printed and bound in China by South China Printing Company Ltd.

09 08 07 06
10 9 8 7 6 5 4 3 2

Library of Congress Cataloging-in-Publication Data
A copy of the cataloging-in-publication data for this title is on file with the Library of Congress.
  [Sizes. Spanish]
  Los tamaños. Ruth Merttens.
  ISBN 1-4034-6733-1 (HC), ISBN 1-4034-6738-2 (Pbk.)

Acknowledgments
The publisher would like to thank the following for permission to reproduce photographs: NHPA/Alan Barnes pp. 20, 21a; NHPA/Ant Photo Library pp. 12, 13a; RSPCA Photolibrary pp. 10, 11a; Tudor Photography pp. 4, 5, 6, 7, 8, 9, 11b, 13b, 14, 15, 16, 17, 18, 19, 21b, 22, 23, 24.

Cover photograph reproduced with permission of Pete Morris.

Every effort has been made to contact copyright holders of any material reproduced in this book. Any omissions will be rectified in subsequent printings if notice is given to the publisher.

Many thanks to the teachers, library media specialists, reading instructors, and educational consultants who have helped develop the Read and Learn/Lee y aprende brand.

Special thanks to our bilingual advisory panel for their help in the preparation of this book:

Aurora Colón García
Literacy Specialist
Northside Independent School District
San Antonio, TX

Leah Radinsky
Bilingual Teacher
Inter-American Magnet School
Chicago, IL

Ursula Sexton
Researcher, WestEd
San Ramon, CA

Unas palabras están en negrita, **así**.
Las encontrarás en el glosario en fotos de la página 24.

Contenido

¿Cuánto mides?

Todos te dicen que estás creciendo mucho.

Con el **cartel de medición**, puedes ver cuánto vas creciendo.

Puedes **comparar** tu crecimiento con las medidas que marca el cartel.

Comparar significa ver la diferencia que hay entre dos cosas juntas.

¿Quién es más alto?

Este perro es un gran danés.

Los perros de esta raza miden
tanto como una regla de
una yarda.

Compara a la niña con el perro.

La niña está más alta que el perro.

¿Eres más grande que un caballo?

Éste es un caballo marrón.

Los caballos son grandes y fuertes.

Compara al caballo con el niño.

El caballo es mucho más grande.

¿Eres más grande que un elefante?

Éste es un elefante africano.

Los elefantes son los animales terrestres más grandes del mundo.

Compara a la niña con el elefante.

Este elefante es mucho más grande que la niña.

¿Eres más largo que una ballena?

Esta es una ballena jorobada.

Las ballenas de esta raza tienen la longitud de un autobús escolar.

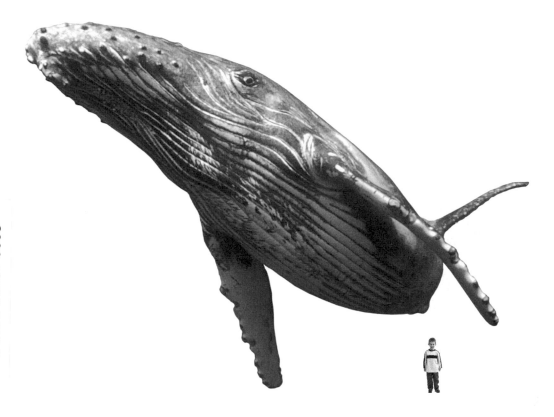

Cuando estás acostado, tu longitud es como la de una mesa.

Las ballenas jorobadas miden más o menos diez veces más que tú.

¿Eres más alto que un poni?

Éste es un poni shetland.

Los caballos de esta raza miden tanto como una regla de una yarda.

Compara a la niña con el poni.

La niña es más alta que el poni.

¿Eres más alto que este perro?

Este perro es un yorkshire terrier.

Es casi tan alto como un gato.

Compara al niño con el perro.

El niño es más o menos cuatro veces más alto que este perro.

¿Eres más alto que un gato?

Éste es un gato tabby.

La mayoría de los gatos domésticos son tan altos como una bolsa de azúcar.

Compara a la niña con el gato.

La niña mide casi cuatro veces más que el gato.

¿Eres más alto que una mariposa?

Ésta es una mariposa azul tornasol.

Cuando está parada, es tan alta como una moneda pequeña.

Compara a la mariposa con
el niño.

Un niño mide casi 47 veces más
que una mariposa.

¿Cómo se comparan los tamaños?

Algunos animales son muy grandes.

¿Puedes pensar en algunos animales que sean más grandes que tú?

Otros animales son muy pequeños.

¿Puedes pensar en algunos animales que sean más pequeños que tú?

Glosario en fotos

comparar
páginas 5, 7, 9, 11, 15, 19, 21
poner dos cosas juntas y observar las diferencias que hay entre ellas

cartel de medición
página 4
poster que tiene marcas para medir cuánto creces

Índice